Das Buch zum Film

Schneiderbuch

EGMONT

1. Auflage
© 2019 Egmont Schneiderbuch
verlegt durch Egmont Verlagsgesellschaften mbH
Alte Jakobstraße 83, 10179 Berlin
Alle deutschsprachigen Rechte vorbehalten

© 2019 – 2.9 FILM HOLDING – MORGEN PRODUCTION
Licensed by PLAYMOBIL, pronounced plāy-mō-bēēl
www.playmobil.com
© 2019, Éditions Glénat, all rights reserved
www.glenat.com
Couvent Sainte-Cécile – 37, rue Servan – 38 000 Grenoble
Autor: Rose Duménil
Layout: Nicolas Galy für NoOok
Übersetzung ins Deutsche: Christine Gallus
Deutsche Umschlaggestaltung: Anke Koopmann
Satz: PPP Pre Print Partner GmbH & Co. KG, Köln, www.ppp.eu
Printed in the EU
ISBN 978-3-505-14316-8
www.schneiderbuch.de

Unsere Bücher finden Sie im
Buch- und Fachhandel sowie im

www.egmont-shop.de

Die Egmont Verlagsgesellschaften gehören als Teil der Egmont-Gruppe zur
Egmont Foundation – einer gemeinnützigen Stiftung, deren Ziel es ist, die sozialen,
kulturellen und gesundheitlichen Lebensumstände von Kindern und Jugendlichen zu
verbessern. Weitere ausführliche Informationen zur Egmont Foundation unter
www.egmont.com.

INHALT

MARLA

Das ist Marla. Oder besser gesagt: Marla als PLAYMOBIL-Figur. Die mutige junge Frau schreckt vor nichts zurück, schon gar nicht, wenn es um ihren heiß geliebten kleinen Bruder geht. Ihre direkte Art wird ihr manchmal zum Verhängnis. Sie träumt davon, auf Weltreise zu gehen.

CHARLIE

Das ist Charlie, Marlas kleiner Bruder. Im echten Leben geht er noch zur Schule, aber in der PLAYMOBIL-Welt ist er in die Rolle seiner Lieblingsfigur geschlüpft: ein Wikinger mit Superkräften und dem Spitznamen Charles, der Zerstörer. Alle haben großen Respekt vor ihm, dabei ist er im Grunde ganz harmlos.

DEL

Del ist ein gutmütiger Kerl. Das Problem ist nur, dass er manchmal etwas verpeilt ist. Ständig gerät der Foodtruck-Besitzer in brenzlige Situationen. Er ist eine treue Seele und wünscht sich nichts sehnlicher, als Koch zu werden.

REX DASHER

Rex Dasher ist schlichtweg der weltbeste Geheimagent aller Zeiten. Das sagt eigentlich schon alles.

ROBOTITRON

Der süße kleine Roboter wird von der fiesen Glinara schikaniert, bis er Marla und Del begegnet. Er redet zwar nicht viel, dafür ist er umso anhänglicher und würde alles für seine Freunde tun.

MAXIMUS

Der grausame Imperator herrscht über das Reich Konstantinopolis. Er ist nicht nur größenwahnsinnig, sondern auch total gaga. Seine Lieblingsbeschäftigung? Gladiatorenkämpfe zwischen berühmten Kriegern und einer Bestie in seiner Arena veranstalten. Ach ja, und singen.

KAPITEL EINS
WIKINGER UND RITTERIN

Es ist ein strahlend schöner Morgen und das große Haus von Familie Brenner leuchtet in der Sonne. Marla ist gerade erst 18 geworden und hält stolz ihren funkelnagelneuen Reisepass in der Hand. Mit entschlossener Miene steht sie

in ihrem Zimmer vor dem Spiegel und stellt sich vor, wie sie ihren Eltern etwas Wichtiges sagen wird.

Marlas Eltern glauben nämlich, dass ihre Tochter bald aufs College gehen wird, dabei hat sie ganz andere Pläne: Zuerst will sie das „echte Leben" kennenlernen. Sie will in fremde Länder reisen und die weite Welt entdecken. Die Freiheit ruft!

In diesem Moment fliegt die Tür auf und ihr kleiner Bruder Charlie stürmt mit einem schelmischen Grinsen ins Zimmer.

„Was hast du da?", fragt er neugierig und streicht sich eine widerspenstige Haarsträhne aus dem Gesicht.

„Nichts!", erwidert Marla und schiebt den kostbaren Ausweis hastig in ihre Hosentasche.

„Wenn du's mir nicht sagst, sage ich Mom, dass du mir heute Eis zum Abendessen gegeben hast!", erklärt er mit drohendem Unterton.

Na schön! Sie kann sowieso nichts vor ihm verheimlichen. Marla beschließt, Charlie zu vertrauen, und verrät ihm ihr Geheimnis:

„Weißt du, was das ist? Das ist ein Reisepass. Damit steht einem die ganze Welt offen!

Und nach der Reise gehe ich ans College. Lektion fürs Leben Nummer 321: Nichts ist furchtbarer als ein langweiliges, eintöniges Leben!", verkündet Marla und wirbelt ihren kleinen Bruder ausgelassen durch die Luft. „Wir beide werden die tollsten Abenteuer erleben!"

„Versprochen?", erkundigt Charlie sich lachend.

„Ich weiß, wie gern du das Kolosseum in Rom besuchen würdest. Und ich will unbedingt mit dir da hin. Das ist unsere Arena!"

Charlie und Marla haben nämlich ein ganz spezielles Ritual: Jeden Tag wird Charlie zum wilden Wikinger und Marla zur edlen Ritterin. In der römischen Arena kämpfen sie gegen gefährliche Feinde und finden viele Freunde.

Denn in der Welt ihrer PLAYMOBIL-Figuren ist alles möglich. Dort können sie in ihre Lieblingsrolle schlüpfen, aufregende Abenteuer erleben und alle möglichen Spielwelten durchstreifen. Es gibt so viel zu entdecken! Mit ihrem neuen Reisepass kann Marla das endlich auch in Wirklichkeit tun.

„Hilfe! Alle römischen Soldaten und Ungeheuer haben Charlie, den Tapferen, umzingelt!",

brüllt Charlie und lässt seine PLAYMOBIL-Figur zappeln.

„Höchste Zeit für die Super-Powerschleuder!", ruft Marla und katapultiert ihre Figur durch die Luft. „Fang mich, Charlie! Hurra, wir haben gewonnen! Wikinger und Ritterin!", jubelt sie.

„Wikinger und Ritterin! Wikinger und Ritterin!", kräht Charlie übermütig.

KAPITEL ZWEI
EIN TRAUM ZERPLATZT

Doch schon kurze Zeit später zerplatzen Marlas Reiseträume wie Seifenblasen. Ihre Eltern kommen bei einem tragischen Verkehrsunfall ums Leben. Statt auf Weltreise zu gehen, muss sie sich von nun an ganz allein um ihren Bruder kümmern.

Die Jahre vergehen und irgendwann kann sich Marla kaum noch an ihre Träume von der großen weiten Welt erinnern. Der stressige Alltag hat ihre Abenteuerlust schlichtweg erstickt. Die bunten Kunststofffiguren verstauben in einer Kiste, genauso wie ihr Pass, der vergessen in einer Schublade liegt.

Eines Abends haben Charlie und Marla einen heftigen Streit. Ihr Bruder wirft ihr vor, überhaupt keinen Spaß mehr zu verstehen. Wie gern würde er seine ausgelassene Schwester von früher wiederhaben!

„Charlie, Abendessen ist fertig!", ruft Marla später, nachdem Charlie sich schmollend in sein Zimmer verzogen hat.

Keine Antwort ... Besorgt stürmt Marla die Treppe hoch und öffnet die Tür. Kein Charlie weit und breit! In Windeseile schnappt sie Handy und Schlüssel und rennt los. Zum Glück kann sie mit ihrem Handy das GPS-Signal ihres Bruders orten.

„He, nicht so eilig! Sie können hier nicht einfach so reinplatzen!", stoppt sie der Wachmann am Eingang eines Ausstellungsgebäudes.

„Hören Sie, ich bin nicht zum Vergnügen hier! Mein kleiner Bruder ist da drin und ich muss ihm sagen, dass er Hausarrest bekommt, bis er 18 ist!", erwidert sie ungeduldig.

„Okay, gehen wir rein", lenkt der Wachmann ein. „He! Ich sagte wir! Das heißt, wir beide zusammen!"

Doch Marla ist schon durch den Eingang gehuscht. Kaum ist sie durch den dicken roten Samtvorhang geschlüpft, bleibt sie wie verzaubert stehen und blickt sich staunend um. Vor ihren Augen erstreckt sich eine faszinierende Spielzeugwelt mit allem, was das Herz begehrt: Dinosaurier, Piraten, sagenhafte Städte, unendliche Welten. Sogar das Kolosseum ist da! Einen Moment lang ist sie wieder das unbeschwerte Mädchen, das

gemeinsam mit ihrem kleinen Bruder die wunderbare Welt von PLAYMOBIL erobert.

„Du hast mir echt einen Riesenschrecken eingejagt!", schimpft Marla, als sie Charlie entdeckt, der sich mit glänzenden Augen umsieht.

„Früher hast du mir immer was von Abenteuern erzählt und du wolltest die Welt sehen. Aber jetzt interessiert dich das alles nicht mehr. Schau doch nur, Marla: Sie haben das genau so aufgebaut wie wir früher! Da ist das Kolosseum und hier die Ritter ... Weißt du noch? Das kann kein Zufall sein! Es ist unsere Bestimmung, hier zu sein!", flüstert Charlie aufgeregt und schwenkt voller Begeisterung seine Wikingerfigur durch die Luft.

„Das ist doch lächerlich! Dein Wikinger ist nur eine dumme Spielzeugfigur und diese Ausstellung hat überhaupt nichts mit uns zu tun", erwidert Marla entnervt. Zornig reißt sie ihrem Bruder die Figur aus der Hand und schleudert sie weit von sich.

Im gleichen Moment erlischt das Licht mit einem unheimlichen Knistern. Dann leuchtet eine PLAYMOBIL-Fackel nach der anderen in der Finsternis auf. Verblüfft beobachten Marla und ihr Bruder, wie sich der kleine PLAYMOBIL-Wikinger wie von Zauberhand aufrichtet. Sämtliche Figuren beginnen zu schweben und drehen sich wirbelnd im Kreis. Mittendrin sendet ein Leuchtturm gleißende Lichtstreifen aus und Charlie geht wie hypnotisiert darauf zu.

„Nein, Charlie, nicht!", schreit Marla, als ihr Bruder nach seiner Lieblingsfigur greift.

Kaum hat sie ihm die Hand auf die Schulter gelegt, werden sie auch schon vom blendenden Schein des Leuchtturms verschlungen. Marla spürt, wie sie in schwindelnde Tiefe fällt ... Was ist hier eigentlich los?

KAPITEL DREI
WILLKOMMEN IN DER PLAYMOBIL-WELT!

Marla landet unsanft auf dem Hintern. Benommen schüttelt sie den Kopf und fährt sich mit der Hand übers Gesicht.

„Nanu ... Was ist denn mit meinen Fingern passiert?" Entgeistert starrt sie auf ihre Hand, die plötzlich wie die einer PLAYMOBIL-Figur aussieht.

Verwundert schaut sie sich um. Wo ist sie? Und wo ist ihr Bruder? Mühsam rappelt sie sich auf. Gar nicht so einfach mit diesen sonderbaren stocksteifen Beinen! Marla kann es immer noch nicht fassen: Sie hat sich in eine Spielzeugfigur verwandelt!

Da hört sie die Stimme ihres Bruders und atmet erleichtert auf.

„Charlie? Du siehst plötzlich so anders aus! Du hast ... einen Bart und Tattoos!", stellt sie ungläubig fest. Wie ist das nur möglich? Ihr kleiner Bruder gleicht seiner Lieblingsfigur, dem Wikinger, aufs Haar und strotzt plötzlich vor Kraft!

„Der Leuchtturm ... der Wikinger und alles. Das ist alles echt! Wir sind in der PLAYMOBIL-Welt, Marla. Ist das nicht der Wahnsinn!", jubelt Charlie und sieht so glücklich aus wie schon lange nicht mehr.

„Genau, der Leuchtturm ... Sein Lichtkegel hat uns hierhergebracht! Also können wir damit auch wieder zurück. So muss es sein", überlegt Marla laut und geht langsam weiter.

Aus der Ferne ertönt plötzlich ein Jagdhorn. Fasziniert beobachtet Charlie, wie eine Flotte angriffslustiger Wikingerschiffe auftaucht. Ihre Gegner lassen nicht lange auf sich warten: Prompt taucht eine zweite Horde mit gezückten Äxten auf. Ein richtiger Wikingerkampf – und sie sind mittendrin! Höchste Zeit, sich in Sicherheit zu bringen, ehe sie als Fischfutter enden.

„Auf sie mit Gebrüll!", grölen die Wikinger-Häuptlinge.

Tja, gar nicht so einfach zu sagen, wer die Bö-
sen und wer die Guten sind ... Charlie beschließt,
sich auf die Seite der roten Wikinger zu schlagen.
Sie sind ihm irgendwie sympathischer als die gelben. Als Wikinger hat Charlie natürlich Superkräf-
te und fegt die gelben Krieger mit links vom Platz.

„Unglaublich!", bemerkt Sven, der Häuptling
der Roten, beeindruckt und beobachtet Charlie
interessiert.

Währenddessen kriecht Marla auf allen Vie-
ren zu ihrem Bruder und versucht möglichst nicht
aufzufallen. Schließlich geben die Gelben auf und
treten den Rückzug an: Gegen den unbekannten
Krieger haben sie keine Chance!

„Was für einen Namen trägst du, Krieger?",
wendet Sven sich an den Jungen.

„Charlie", antwortet dieser ehrfürchtig.

„Na so was. Ich hatte eine tiefere Stimme erwartet", erwidert der Häuptling überrascht. „Egal! Heute Abend feiern wir dir zu Ehren ein Fest, Charles, der Zerstörer!"

Charlie kann sein Glück kaum fassen. Ein Fest zu seinen Ehren! Träume können also doch wahr werden! Wenn Marla das doch nur auch wieder glauben würde ...

KAPITEL VIER
DIE ENTFÜHRUNG

Ganz in der Nähe hat sich eine Truppe Piraten hinter einem Gebüsch versteckt. Mit großem Interesse haben sie die Szene durch ein Fernrohr verfolgt. Sie arbeiten für den grausamen Imperator Maximus, der in seiner Arena in Konstantinopolis Gladiatorenkämpfe veranstaltet.

„Warum braucht ihr dämlichen Piraten so lange? In der Zeit hätte ich schon längst eine Wikingerhorde gefangen und säße beim Nachtisch zu Hause!", brüllt Maximus seine Söldner an.

Charlie erscheint den Piraten wie ein echter Hauptgewinn. Wenn Sie die Goldstücke, die ihnen der Imperator versprochen hat, bekommen wollen (und das ist das Einzige, was sie wirklich interessiert!), dann müssen sie sich diesen sagenhaften Krieger unbedingt schnappen.

In diesem Moment entdeckt Marla ihren Reisepass auf dem Boden. Er muss ihr im Eifer des Gefechts heruntergefallen sein. Komisch, sie kann sich gar nicht daran erinnern, ihn mitgenommen zu haben … Egal, das Wichtigste ist jetzt, sich Charlie zu schnappen und schleunigst wieder nach Hause zu verschwinden. Morgen früh wird ihr Bruder todmüde sein, wenn er in die Schule muss. Doch davon will der Wikingerclan nichts hören: Sie können ihren superstarken neuen Kumpel doch nicht einfach so gehen lassen! Und außerdem ist das Fest gerade in vollem Gange.

„Ich bleibe hier!", verkündet Charlie entschlossen. Dabei lehnt er sich versehentlich auf ein Katapult, das ihn prompt ganz weit weg von seinen neuen Freunden und seiner Schwester befördert.

Zu dumm! Charlie landet ausgerechnet bei den Piraten. Die Männer lachen sich ins Fäustchen. Jetzt können sie die begehrte Beute schnurstracks mit nach Konstantinopolis nehmen.

Marla überlegt nicht lange und schwingt sich auf das nächstbeste Pferd, um ihrem Bruder zu helfen. Zu spät! Als sie am Teich anlangt, in dem Charlie kopfüber gelandet war, verfrachten die Piraten ihn gerade in einen Wagen und sausen davon. Marla zögert nicht lange und galoppiert hinterher. Kurz darauf verliert sie die Entführer aus den Augen: Eine breite Straße voller verrückter Fahrzeuge versperrt ihr den Weg. Wo sind bloß

diese verdammten Piraten hin? Doch da entdeckt sie zum Glück den Wagen!

„Ich hol dich da raus, Charlie!", ruft Marla und gibt ihrem Reittier die Sporen. Doch irgendwann hat das Pferd keine Lust mehr und wirft Marla unsanft ab.

Und worauf landet sie? Auf einem Hundeschlitten! Wenn sie irgendwann wieder zu Hause ist und davon erzählt, glaubt ihr das kein Mensch!

Der Foodtruck-Besitzer Del ist ebenfalls auf der Straße unterwegs und telefoniert gerade. Del liebt seinen Truck so sehr, dass er sogar darin wohnt. Er versucht verzweifelt, Zauberheu zu verkaufen, das ihm ein dubioser Magier beschafft hat. Sein Fahrzeug ist bis zum Rand vollgestopft mit dem pinkfarbenen Pferdefutter!

„Ich muss dringend mit dir reden, Del! Ich will mein Geld! Oder soll ich es mir lieber holen kommen?", zetert Glinara, eine fiese Riesenkröte, die in undurchsichtige Schwarzmarktgeschäfte verwickelt ist.

Der arme Del schuldet ihr sehr viel Geld und lässt nichts unversucht, um die große Summe zusammenzukratzen.

„So ein Zufall!", beeilt er sich zu sagen. „Ich bin gerade dabei, das Geld aufzutreiben. Aber ich flehe dich an: Bitte nimm mir meinen Foodtruck nicht weg. Ohne ihn bin ich verloren!"

In diesem Moment öffnet Marla die Heckklappe von Dels Fahrzeug. Sie ist wild entschlossen, den Truck unter ihre Kontrolle zu bringen. Mit ihm kann sie Charlies Entführer viel schneller einholen!

„Ich übernehme das Steuer!", erklärt sie energisch und mit zerzaustem Haar.

„Sagen Sie Glinara, dass ich mehr Zeit brauche! Was soll das überhaupt?", flucht Del, während Marla versucht, ans Steuer zu gelangen. „Wir sind hier doch nicht beim Carsharing!"

Schließlich gelingt es Marla, sich durchzusetzen, nachdem sie Del mit einem Heuballen kurzerhand k.o. geschlagen hat. Sie drückt das Gaspedal durch und rast im Affenzahn über die Straße, während das Zauberheu in alle Richtun-

gen aus dem Auto fliegt. Doch leider fehlt von ihrem Bruder jede Spur. Völlig fertig mit den Nerven bleibt sie mitten auf der Straße stehen und springt aus dem Truck.

„Die Spritztour ist vorbei! Sie arbeiten eindeutig nicht für Glinara!", stößt Del zornig hervor. Er ist wieder zu sich gekommen und hat sich hinters Steuer gesetzt. „Das ist mein Truck! Ich wünsche Ihnen noch ein schönes Leben! Und das ist übrigens ironisch gemeint!"

KAPITEL FÜNF
DER DEAL

Mutterseelenallein macht sich Marla wieder auf den Weg. Das Einzige, was ihr jetzt noch weiterhelfen kann, befindet sich in der Satteltasche, die sie sich umgehängt hat. Darin sind zwei kostbare Wikinger-Goldstücke.

Ist das heiß in dieser Wüste! Auf einem Schild
neben der Straße stand, dass es hier zum „Büro
des Sheriffs" geht. Vielleicht kann der ihr ja weiterhelfen. Dazu sind die Männer mit dem golde-
nen Stern auf der Brust doch da, oder nicht? Als
Marla endlich in der Westernstadt anlangt, wird
sie von allen misstrauisch beäugt. Und der verrückte Foodtruck-Fahrer ist auch da! Er unterhält

sich gerade mit einem Cowboy, der ziemlich sauer aussieht. Dieser Typ scheint Ärger regelrecht anzuziehen, denkt Marla.

„Schau dir bloß an, was dein komisches Heu mit meinen Pferden angestellt hat!", knurrt der Cowboy.

„Warum, was ist denn? Ach so, das ...", murmelt Del kleinlaut, als das Pferd ein Paar rosa glitzernde Flügel ausbreitet.

„Seitdem wollen sie nur noch herumhüpfen und durch die Gegend tänzeln. Und der ganze Stall ist voller Glitter", fährt der Mann mürrisch fort.

„Komisch. Der Zauberer, der mir das Heu

verkauft hat, hat nichts von Flügeln gesagt", entgegnet Del leise.

„Das hätte er mal lieber! Ich bezahle dir keinen müden Cent dafür!"

„Das kannst du nicht machen! Ich muss doch meine Schulden bei Glinara bezahlen. Wie kann man nur so viel Pech haben!"

Marla hat das Gespräch aufmerksam verfolgt. Schon wieder diese mysteriöse Glinara ... Neugierig stellt sie sich neben den Trucker.

„Du machst dir überall Freunde, was?", meint sie spöttisch.

„Du schon wieder! Du bist doch die Verrückte, die meinen Truck entführt und mein kostbares Heu in der Gegend verstreut hat! Was willst du hier?"

„Ich bin hier, um einen Suchtrupp mit Cowboys zusammenzustellen", erklärt Marla energisch.

„Einen Suchtrupp? Das will ich sehen!", sagt Del glucksend.

Als Marla ein Goldstück aus ihrer Tasche holt und es triumphierend in die Höhe hält, stürzen sich plötzlich sämtliche Cowboys auf sie! Mar-

la rennt um ihr Leben und Del zieht sie in letzter Sekunde in seinen Truck, ehe sie davonbrausen. Das war knapp!

„Ähm, was das Gold angeht ...", beginnt Del, während die Sonne am Horizont versinkt.

„Hör zu. Ich muss unbedingt meinen Bruder finden!", fällt Marla ihm ins Wort.

„Was für ein Glück, dass du mir begegnet bist! Mit meinen Connections kann ich deinen Bruder finden. Null problemo! Ich helfe dir wirklich gern. Du musst mich nur für den Zeitaufwand entschädigen. Ähm, wie viele Goldmünzen waren da noch mal drin?"

„Vierzig ... vielleicht sogar fünfzig", schwindelt Marla ungerührt. „Und sie gehören alle dir, wenn du mir hilfst, Charlie zu finden."

Abgemacht! Er hilft Marla und bekommt dafür das Wikinger-Gold. Marla schöpft wieder Hoffnung: Bestimmt wird sie ihren Bruder schon bald in die Arme schließen.

KAPITEL SECHS
IM REICH VON MAXIMUS

Unterdessen erreichen die Piraten das Reich des schrecklichen Imperators Maximus. Im Gepäck haben sie zahlreiche furchterregende Krieger, die sie quer durchs Universum gefangen genommen haben. Konstantinopolis liegt auf einer abgelegenen, von zerklüfteten Felsen gesäumten Insel.

Die berüchtigte Arena ist von einer gigantischen Mauer umgeben und wird Tag und Nacht scharf bewacht. Jeder, der es bisher gewagt hat, sie ohne Erlaubnis zu betreten, hat es bitter bereut.

„Wir sind reich, Männer! Heute Abend gibt es ein schönes Gelage!", freuen sich die Piraten, die sogar ihren eigenen Kapitän Bloodbones für einen Sack Gold verscherbelt haben, ohne auch nur mit der Wimper zu zucken.

Charlie ist in einem Käfig eingesperrt und mustert neugierig die anderen Gefangenen: eine Amazonen-Prinzessin mit dem wohlklingenden Namen Valera, ein Alien, der Nola heißt und aus einem fremden Land namens Zarkon kommt, ein schwarzer Ritter, ein Urmensch aus der Steinzeit namens Ook-Ook ... Die besten Krieger aller Länder sind hier versammelt. Zur Belustigung von Maximus sollen sie in der Arena des Imperators

kämpfen. Charlie ist fasziniert und beunruhigt zugleich: Marla wird sicher schrecklich wütend auf ihn sein!

„Na, was haben wir denn da Hübsches?" Mit hämischem Grinsen inspiziert Maximus einen Gefangenen nach dem anderen.

Was für ein merkwürdiger Typ, denkt Charlie, als er den Herrscher zum ersten Mal sieht. Der Imperator scheint vollkommen gaga zu sein.

„Meine neuen Wikingerfreunde werden mich retten!", erklärt Charlie selbstbewusst.

„Ich gebe dem Volk, was es will. Und das Volk will Spaß. Ich bin superbeliebt und Papa ist stolz auf mich, solange ich stark bin! Ich gebe dem Volk, was es will, und es will Tote sehen! Klar?", singt Maximus aus voller Kehle, als würde er auf einer Bühne stehen.

Dann befördert der durchgeknallte Imperator die Krieger unsanft in einen Kerker. Ein Ungeheuer, eine blutrünstige Bestie ... Gegen wen oder besser gesagt WAS werden Charlie und seine Gefährten kämpfen müssen? Sie müssen unbedingt aus diesem düsteren Verlies entkommen, sonst sind sie verloren!

KAPITEL SIEBEN
AUF GEHEIMER MISSION

Viele Meilen davon entfernt treffen Marla und Del auf den weltberühmten Geheimagenten Rex Dasher. Er ist ein Freund von Del und ein echter Experte in Sachen Spionage. Kein Auftrag ist ihm zu schwer! Er ist zwar ein kleiner Angeber und „ziemlich eingebildet", denkt Marla, aber Del hat

ihr versichert, dass sie Charlie mithilfe des Super-agenten finden werden. In Rex' Agentenauto flitzen sie zum Hauptquartier von SKULL. Die Chefin der Geheimorganisation heißt Greta Grim und ist noch schlimmer als ihr Name.

„Dein Bruder ist also verschwunden?", erkundigt sich Rex. „Da ist er übrigens nicht der Einzige. Im Verlauf der letzten Monate wurden diverse Einwohner wie vom Erdboden verschluckt", fährt er fort, ohne ihre Antwort abzuwarten.

Mithilfe der Überwachungsvideos, die von SKULL per Satellit aufgezeichnet werden, kann Marla herausfinden, wohin die Entführer ihren Bruder gebracht haben. Dafür muss sie sich allerdings als Dr. Grim verkleiden. Nur so können sie das Sicherheitssystem des Gebäudes austricksen und an den Computer mit den wertvollen Daten gelangen.

Während sich Marla alias Dr. Grim Zugang zum Labor verschafft, das hinter der Fassade eines Blumenladens verborgen ist, bereitet Del seine köstlichen mexikanischen Burritos zu. Sie sind – abgesehen von Fleischklopsen – seine Spezialität und außerdem die Leibspeise der eiskalten Wissenschaftlerin. Der Plan: Del mischt ein Schlafmittel in die Burritos und dreht Dr. Grim ein

Exemplar davon an, kurz bevor sie ins Büro geht. Während sie dann ein kleines Nickerchen macht, kann Marla in aller Ruhe die nötigen Informationen besorgen. Total easy!

Im Gebäude passiert Marla problemlos den Laser-Netzhaut-Scan und gelangt in den Kontrollraum. Dummerweise hat Dels Plan nicht funktioniert und die hellwache Dr. Grim ertappt sie wenig später im Büro.

Der absolute Albtraum! Zum Glück hilft ihr der geniale Rex Dasher aus der Patsche. Marla gelingt es in letzter Sekunde, die Satellitenbilder auf einem USB-Stick zu speichern, und verbindet ihn später mit ihrer Uhr.

Auf den Aufnahmen sieht man zwar den Wagen, in dem Charlie entführt wurde, doch dann verschwindet er einfach von der Bildfläche!

„Der kann sich doch nicht einfach so in Luft auflösen", seufzt Marla verzweifelt.

„Zoom mal näher ran! Da!", ruft Del und deutet auf ein Symbol, kurz bevor der Wagen spurlos verschwindet. „Alles klar. Ich weiß jetzt genau, wohin wir fahren müssen!"

Gesagt, getan: Del bringt Marla in die SciFi-World. Es ist ein atemberaubender Ort, der ihre kühnsten Träume übertrifft. Staunend sieht sie sich in der hypermodernen Welt um. High-tech-Gebäude, fliegende Gefährte, Luftaufzüge: der absolute Wahnsinn! Marla ist begeistert ... bis Del ihr erzählt, dass sie gleich die schreckliche Glinara besuchen werden, der er ja noch Geld schuldet. Das behagt Marla ganz und gar nicht. Andererseits: Wenn sie ihnen hilft, Charlie zu finden ...

„Ich will Schirmchen in meinen Drinks! Wie oft muss ich das noch sagen!", schnaubt Glinara

und schubst einen niedlichen Roboter die Treppe hinunter, wo er scheppernd vor Marlas Füßen landet.

„Armer kleiner Roboter. Hey, alles gut? Das wird schon wieder ...", tröstet Marla ihn und hilft ihm wieder auf.

In diesem Moment ist es um Robotitron geschehen: Er hat sich in Marla verliebt. Jetzt hat sie einen Freund fürs Leben!

Mit weichen Knien betreten sie den Raum.

„Wo ist mein Geld, Del?", kreischt die Kröte. Hastig streckt Del ihr eine Goldmünze hin, die Marla ihm zuvor in die Hand gedrückt hat.

Marla ist plötzlich ganz mulmig zumute, weil sie Del bei den Cowboys angeschwindelt hat. Aber was hätte sie denn tun sollen? Sonst hätte er ihr bestimmt nicht geholfen. Jetzt denkt er natürlich, sie hätten jede Menge Gold für Glinara. Sie versucht ihm unauffällig zu verstehen zu geben, dass gleich eine Katastrophe geschehen wird, aber Del beachtet sie gar nicht.

„Ich habe dein Logo auf so einem Hightech-Verschwindibus-Gimmick gesehen, das sich blitzschnell in Luft aufgelöst hat", beginnt Del.

„Das stimmt, ich habe tatsächlich Systeme zur Teleportation verkauft", bestätigt Glinara, während Del ihr die zweite und letzte Münze hinstreckt und sie ihre Dateien durchstöbert. „Und zwar an ... Maximus, meinen besten Kunden!"

„Ihr Kunde hat meinen Bruder, und den holen wir uns wieder!", erklärt Marla mit fester Stimme.

„Soll ich dir mal was verraten, Spätzchen? Wenn Maximus deinen Bruder hat, heißt das, er wird im Kolosseum kämpfen, und zwar schon morgen Abend", verkündet die Kröte glucksend.

„Kämpfen? Schon morgen? Del, wir müssen sofort los!"

Als Glinara dämmert, dass es keine weiteren Goldmünzen gibt, wird sie fuchsteufelswild. Sie lässt ihre „Gäste" fesseln und beamt sie mit ihrem Teleporter geradewegs zum glutheißen Vulkan von Pompeji!

„Du hast mich angelogen, Marla!", schnaubt Del enttäuscht, als er in ihrer Tasche nur einen Haufen Holzlöffel statt der erhofften Goldstücke vorfindet.

Zum Glück gibt es noch Robotitron! Er wird nicht zulassen, dass seine neue Freundin wie ein Brathähnchen gegrillt wird. In letzter Sekunde gelingt es dem pfiffigen Roboter, ihren Ziel-ort zu verändern, während die drei weggebeamt werden.

KAPITEL ACHT
BEGEGNUNG DER BESONDEREN ART

Das Trio stürzt in die Tiefe und landet unsanft auf dem Boden. Robotitrons Rollen sind vollkommen verdreht! Als sie wieder einen klaren Kopf haben, schauen sie sich neugierig um: Vor ihnen liegt eine wunderschöne sattgrüne Lichtung voller bunter Blumen und verschlungener Bäume.

„Wir leben noch!", jubelt Marla überglücklich. „Und wir wissen jetzt, wo Charlie ist! Wir haben noch einen ganzen Tag, um zu ihm zu kommen. Schaut mal da drüben. Ist das etwa ein Märchenschloss? So ein Glück! Wenn wir dort Hilfe bekommen, dann finden wir ihn bestimmt!"

Aber Del ist schrecklich wütend auf Marla. Und vor allem ist er tief enttäuscht, dass sie ihn belogen hat, nur damit er ihr hilft.

„Gibt es auch jemanden, dessen Leben du nicht ruinierst, Marla? Viel Glück bei der Suche

nach deinem Bruder!", ruft er ihr über die Schulter zu und stapft davon.

„Aber ohne dich schaffe ich das nicht!", ruft Marla verzweifelt.

Vergebens. Del geht einfach weiter, ohne sich noch einmal umzudrehen. Robotitron ist untröstlich, seine Freundin so traurig zu sehen. Er bleibt auf jeden Fall bei ihr, egal was passiert! Marla ist kurz davor, den Mut zu verlieren. Sie wird ihren heiß geliebten Bruder nie wieder sehen! Dabei hat sie doch nur noch ihn!

Nach stundenlangem Fußmarsch zum Schloss stellt Marla schließlich fest, dass sie im Kreis gegangen sind. Erschöpft und außer sich vor Wut schleudert sie ihren Pass weit von sich. Sie will dieses blöde Ding nie wieder sehen!

„Na, na. Also so was ...", ertönt da eine sanfte Stimme hinter den Bäumen.

„Wer sind Sie?", fragt Marla verwundert, als plötzlich eine anmutige Gestalt vor ihr auftaucht, die ... einfach so in der Luft schwebt!

„Echt jetzt? Überleg doch mal: Die Zauber-stab-Kleidchen-Kombi, der schimmernde Glanz, das Geflatter in der Luft. Hast du wirklich keinen Schimmer? Ich bin eine Zauberfee! Was sonst?"

Unglaublich! Marla reibt sich verwundert die Augen: Ist das alles nur ein Traum? Oder heißt das, man soll immer an seine Träume glauben, ganz egal wie verrückt sie sind?

„Das ist ja super! Ich muss vor Sonnenuntergang meinen Bruder retten. Kannst du ihn bitte mit deinem Zauberstab zurückbringen?", fragt sie hoffnungsvoll.

„Tut mir leid, aber meine Wünsche funktionieren ein bisschen anders. Ich meine, Aschenbrödel hat ihr Kleid bekommen, aber auf den Ball musste sie immer noch selber gehen."

Gespannt folgt Marla der Fee in ihr Zauber-
reich, das sich hinter der üppigen Vegetation
verbirgt. Die Fee trällert ein fröhliches Lied und
Marla schöpft wieder neuen Mut. Was, wenn
tatsächlich alles möglich ist, wie die Fee be-
hauptet?

„Ist das etwa Konstantinopolis, wo sich Charlie befindet?", fragt Marla, als die Zauberfee auf
das Kolosseum in der Ferne deutet. „Das ist ja viel
näher, als ich dachte. Ich hoffe, ich schaffe das!"

„Dieses Mädchen hier hat geglaubt, alles sei möglich", erwidert die Fee fröhlich und deutet auf Marlas Passfoto. „Glaub an dich. Du schaffst das!"

„Ich werde wieder das Mädchen, das ich früher mal war. Ich werde es schaffen!", schwört Marla feierlich. „Charlie, ich komme!"

Marla und Robotitron lassen das magische Feenreich hinter sich. Zuvor haben die Bewohner der Märchenwelt die beiden noch richtig herausgeputzt und als Ritter verkleidet. Auf einem fliegenden Teppich machen sie sich frohen Mutes auf den Weg.

KAPITEL NEUN
KONSTANTINOPOLIS

In Konstantinopolis ist der Fluchtversuch der Gefangenen kläglich gescheitert. Dummerweise hatten sie vergessen, die Taue von Bloodbones Piratenschiff zu lösen. Charlies neue Rolle als Kapitän dauerte leider nur wenige Minuten. Jetzt sitzt er wieder in diesem verflixten Kerker, zusammen mit den besten Kämpfern aller Zeiten. Sie haben sogar einen neuen Kollegen: den berühmten Rex Dasher!

„Ich hatte die Mission, euch alle zu retten", berichtet er den Gefangenen. „Und dieser barbarische Kerl ist bestimmt Charlie, der Wikinger! Deine Schwester wird dich befreien, mein Freund!"

Die gute Nachricht weckt ungeahnte Kräfte in Charlie und schließlich gelingt den Gefangenen tatsächlich der Ausbruch. Doch auch dieses Mal werden sie von Maximus' Wächtern geschnappt!

„Überlasst das mir, ich bin euch was schuldig!", verkündet Charlie entschlossen, während seine neuen Freunde wieder hinter Gittern verschwinden.

„Du bist ein großer Krieger, Wikinger", bemerkt Valera anerkennend, während die Gruppe im Kellergewölbe des Palastes verschwindet. Marla muss sich jetzt wirklich beeilen! Der arme Charlie ist kurz davor, in die Arena geworfen zu werden. Zusammen mit einer wilden Bestie, die schon die tapfersten Krieger der PLAYMOBIL-Welt auf dem Gewissen hat.

Als Marla mit Robotitron am Fuß der Festung landet, ruft sie ihm zu: „Also, es ist schwer bewacht und fast unmöglich raufzukommen ... Na dann wollen wir doch mal sehen!"

Marla ist wieder voller Selbstvertrauen. So gut hat sie sich schon lange nicht mehr gefühlt!

Mithilfe von Robotitrons ausfahrbaren Armen erklimmen sie mühelos die gigantische Mauer und dringen in das Reich des gefürchteten Maximus ein. Mit raffinierten Täuschungsmanövern und gezielten Fußtritten setzt Marla die Wachen außer Gefecht. Gar nicht so einfach, sich nicht erwischen zu lassen! Seit die Wachen mitbekommen haben, dass es feindliche Eindringlinge gibt, sind sie auf der Hut! Und vor allem darf Maximus nichts davon erfahren, sonst werden sie auch der Bestie zum Fraß vorgeworfen!

„Du hast eine tolle Verkleidung, Robotitron, aber du fällst immer noch ziemlich auf. Bleib hier und rühr dich nicht vom Fleck", flüstert Marla ihm zu, während sie sich im Halbdunkel hinter ein paar Fässern verstecken. „Sobald ich Charlie gefunden habe, komme ich dich holen."

Marla zieht sich die Kapuze ihres Umhangs tief ins Gesicht und verschwindet lautlos. Mit einer Fackel in der Hand pirscht sie auf Zehenspitzen in Maximus' Palast. Hastig schleicht sie durch die Gänge voller düsterer Zellen – doch von Charlie keine Spur! Über ihr hört sie die aufgeregte Menge, die ungeduldig auf den großen Kampf in der Arena wartet.

„Und jetzt ist es endlich so weit!", verkündet Maximus mit irrem Blick. „Begrüßt mit mir ... Charles, den Zerstörer!"

KAPITEL ZEHN
DER KAMPF

Marla sprintet die Treppe zur Empore des Imperators hoch, während ihr Bruder in die Arena geführt wird.

„Ich, Imperator Maximus von Konstantinopolis, erkläre die Spiele für eröffnet", verkündet er aufgedreht.

Zögernd betritt Charlie die Arena. Da ertönt ein gellender Pfiff und sämtliche Blicke richten sich gebannt auf die Empore des Imperators. Dort oben steht plötzlich ein Ritter mit funkelnder Rüstung. Mithilfe seines Schwerts gleitet er an einem dicken Vorhang geschickt in die Arena hinab. Dann schreitet er langsam und bedrohlich auf den armen Charlie zu, der sich vor Schreck nicht rühren kann. Der mysteriöse Ritter holt mit seinem Schwert zum Schlag aus und ... befreit Charlie mit einem gezielten Hieb von seinen Fesseln. Dann nimmt der Unbekannte den Helm ab.

„Marla? Marla! Du bist es! Du bist die edle Ritterin!", jubelt Charlie außer sich vor Freude, als er seine Schwester erkennt.

„Oh Charlie. Wie schön, dass ich dich gefunden habe!", seufzt Marla mit Tränen in den Augen und drückt ihn fest an sich.

„Lasst die Bestie los!", brüllt Maximus und beendet damit abrupt die Wiedersehensfreude.

Das vergitterte Tor öffnet sich quietschend. In der Finsternis erscheint ein bedrohlich glitzerndes, riesiges Augenpaar. Es ist ein gigantischer T-Rex!

„Lauf!", ruft Marla ihrem Bruder zu. Die beiden schlagen sich tapfer, doch schon bald hat der Riesendino sie in die Enge gedrängt. Jetzt stehen sie mit dem Rücken zur Wand.

In diesem Moment ertönt ein durchdringendes Hupen und ein Foodtruck rumpelt mit Vollgas in die Arena.

„Ich glaube, ihr gehört zu meiner Fahrgemeinschaft!", tönt Del am Steuer seines Wagens mit Robotitron an seiner Seite.

„Ich glaub's nicht, Del!", ruft Marla erleichtert und kann ihr Glück kaum fassen. Es stimmt wirklich: Alles ist möglich! Sie sind gerettet!

„Schnallt euch an. Ich bring uns jetzt hier raus!", verkündet Del, sobald seine Freunde im Truck sind. „Marla, ich muss dir unbedingt was erzählen. Du glaubst nicht, was mir passiert ist! Ich habe eine Zauberfee getroffen und sie hat mir einen Wunsch gewährt. Und dann habe ich eine Bestellung für tausend Frühstücksburritos

reinbekommen. Wo ich doch so gern koche! Also konnte ich Glinara das Doppelte zurückzahlen und dafür durfte ich ihren Teleporter benutzen, um herzukommen."

Marla strahlt ihn begeistert an. „Ich weiß, was wir machen!", ruft sie mit einem Blick nach hinten auf Dels magische Heuballen. „Hör zu, tapferer Wikinger", raunt sie ihrem Bruder zu, während sie aufs Dach des Foodtrucks klettert. „Das machen wir jetzt für Mom und Dad, und zwar so, wie wir's immer gemacht haben. Es wird Zeit, dass wir den Burschen erledigen, und zwar mit der Super ..."

„... Powerschleuder!", beendet Charlie ihren Satz.

Die beiden wenden ihre Geheimwaffe an: Der Wikinger schleudert Marla mitsamt einem rosa Heuballen im hohen Bogen auf den T-Rex zu. Dann wirft Marla ihm blitzschnell das Heu ins

aufgesperrte Maul. Nach einem kleinen Rülpser wachsen dem verdutzten T-Rex plötzlich kleine Flügel und er erhebt sich sanft in die Luft. Alles klappt wie am Schnürchen, genau wie bei den Pferden! Der Riesendino ist plötzlich so sanftmütig wie ein niedliches Glitzer-Einhorn. Die Zuschauer sind völlig aus dem Häuschen und applaudieren begeistert. Maximus findet das gar nicht lustig und ruft wutschäumend seine

Wachen. Währenddessen strömen die Freunde von Del, Charlie und Marla zu ihnen in die Arena: Rex, Valera, Nola, Ook-Ook ... Alle sind da! Nur Kapitän Bloodbones fehlt. Der sperrt nämlich gerade den fiesen Imperator in einen Käfig.

„Entschuldigt die Verspätung. Wir mussten unterwegs noch ein paar Leute besiegen", prahlt Rex wie immer.

KAPITEL ELF
DIE HEIMKEHR

Nach dem spektakulären Sieg verwöhnt Del die Bewohner von Konstantinopolis mit seinen leckeren Fleischklopsen und Burritos. Dank der Zauberfee kann er endlich seinen Traum verwirklichen und alle Welt bekochen.

„Kommen Sie nur! Kosten Sie die weltbesten Burritos und Fleischklopse!"

Marla freut sich sehr für ihren Freund: Träume können also wirklich wahr werden! Man muss nur fest daran und an sich selbst glauben. Für Charlie und sie ist es Zeit, nach Hause zurückzukehren. Und endlich alles nachzuholen, was sie versäumt haben.

„Wikinger und Ritterin! Wikinger und Ritterin! Wikinger und Ritterin!", jubelt die Menge begeistert, während Marla und Charlie sich innig umarmen.

„Du bist jetzt kein Gefangener mehr. Du darfst fliegen, wohin auch immer du willst!", erklärt Marla fröhlich und befreit den Glitzer-T-Rex von seinen Ketten.

„Danke euch allen für eure Hilfe", wendet Charlie sich tief gerührt an seine Freunde.

„Dieses Mal verabschieden wir uns aber richtig", flüstert Marla Del zu, der sie fest in die Arme schließt.

„Ich werde dich vermissen", erwidert er mit rauer Stimme.

Robotitron stößt einen tiefen Seufzer aus.

„Nicht traurig sein", flüstert Marla und tätschelt dem kleinen Roboter den Kopf. „Du hast doch Del. Ihr seid jetzt eine Familie."

Dann bittet sie ihren neuen geflügelten Freund, sie dorthin zu bringen, wo alles begann: zum Leuchtturm.

Auf dem Rücken des T-Rex fliegen Marla und Charlie durch die sternenklare Nacht und bewun-

dern die fantastische PLAYMOBIL-Welt, die unter ihnen vorüberzieht. Was für eine traumhafte Reise! Von nun an wird nichts mehr so sein, wie es war, denkt Marla voller Zuversicht. In diesem Moment streift sie der gleißende Lichtkegel des Leuchtturms und ... WUSCH!

„Charlie? Ich bin wieder ich selbst!", ruft Marla aufgeregt und betastet ihr Gesicht, während sie in dem dunklen Ausstellungsraum steht.

„Wir sind zurück!", jubelt Charlie inmitten der PLAYMOBIL-Figuren.

„Hey, Sie haben Ihren Bruder gefunden! Das waren sicher die schlimmsten fünf Minuten eures Lebens!", sagt der Wachmann und tritt zu ihnen.

„Fünf Minuten?", fragt Marla verwundert und Charlie reißt ungläubig die Augen auf.

„Der ist Ihnen wohl heruntergefallen", brummt der Wachmann und streckt Marla etwas ent-gegen: Es ist ihr Reisepass!

Als sie ihn in die Hand nimmt, rieselt eine Handvoll Glitter auf den Boden. Vorsichtig klappt sie den Ausweis auf. Auf jeder Seite prangt ein Stempel der PLAYMOBIL-Länder, in denen sie waren. Also hat sie ihren Traum, fremde Länder zu erkunden, doch noch wahr gemacht! Ab jetzt

wird sie den Rat der Zauberfee beherzigen: an sich selbst glauben und nie den Mut verlieren. Alles ist möglich. Man muss nur fest daran glauben!

„Charlie, vor uns liegen noch viele, viele Abenteuer! Lass uns nach Hause gehen", flüstert sie ihrem kleinen Bruder zu und beide freuen sich schon auf ihr neues aufregendes Leben.